# BEI GRIN MACHT SICH IHR WISSEN BEZAHLT

- Wir veröffentlichen Ihre Hausarbeit,
  Bachelor- und Masterarbeit

- Ihr eigenes eBook und Buch -
  weltweit in allen wichtigen Shops

- Verdienen Sie an jedem Verkauf

## Jetzt bei www.GRIN.com hochladen und kostenlos publizieren

**Bibliografische Information der Deutschen Nationalbibliothek:**

Die Deutsche Bibliothek verzeichnet diese Publikation in der Deutschen National-
bibliografie; detaillierte bibliografische Daten sind im Internet über http://dnb.d-
nb.de/ abrufbar.

**Impressum:**

Copyright © 2020 GRIN Verlag
Druck und Bindung: Books on Demand GmbH, Norderstedt Germany
ISBN: 9783346245304

**Dieses Buch bei GRIN:**

https://www.grin.com/document/922557

Cynthia Beckmann, Elisa Flanz

# Vom Opfer zum Täter. Welche Auswirkungen hat häusliche Gewalt auf die Betroffenen?

GRIN Verlag

# Welche Auswirkungen hat häusliche Gewalt auf die Betroffenen?

Hausarbeit
Soziale Problemlagen

an der
Katholischen Hochschule Mainz

Vorgelegt von
Beckmann, Cynthia
Flanz, Elisa

Vorgelegt am
24.07.2020

Mainz, Juli 2020

# Inhalt

# 1. Einleitung

Die folgende Hausarbeit befasst sich mit der Fragestellung, ob Opfer häuslicher Gewalt also die, die sie am eigenen Leib erfahren aber auch die, die sie miterleben und beobachten, grundsätzlich auch zu Tätern werden.

Zunächst werden die Begriffe Gewalt, häusliche Gewalt und Aggression mithilfe von Autoren wie Ulrich Papenkort, Maria Schäfer- Hohmann, Sandra Dlugosch, Joachim Lempert und Anja Steingen erklärt. Fortfahrend wird der Entwicklungsverlauf von Gewalt, anhand des Gewaltenkreislaufs von Lempert beschrieben. Dann wird auf die Ursachen, Formen und Folgen von Gewalt eingegangen. Hier wurde Literatur von Lamnek, Luedtke, Ottermann und Vogl hinzugezogen. In einem weiterem Punkt werden die Auswirkungen auf die kindliche Entwicklung dargelegt und durch Interviews, die Philomena Strasser für eine Studie an verschiedenen Kindern durchgeführt hat, untermauert. Außerdem werden die Opfer, die aus häuslicher Gewalt hervorgehen und die Täter, die oft selbst darunter zu leiden hatten, näher betrachtet. Desweiteren werden die Herausforderungen an die Soziale Arbeit genauer untersucht. Eine besondere Herausforderung ist, passende Präventions- und Interventionsmaßnahmen zu finden, um häuslicher Gewalt weitgehend vorzubeugen oder entgegenzuwirken.

Abschließend wird ein zusammenfassendes Fazit formuliert, in welchem nochmal genauer auf die Fragestellung eingegangen wird.

## 2. Begriffserklärung

### 2.1 Gewalt

Um sich mit dem Thema häusliche Gewalt auseinander setzen zu können, muss zunächst geklärt werden, was unter dem Begriff Gewalt zu verstehen ist. Ulrich Papenkort nennt in dem Buch „Gewalt – eine interdisziplinäre Betrachtung" „vier unterscheidbare Bedeutungen" von Gewalt (vgl. Papenkort, 2009: S. 17). Diese sind die „bewegende Gewalt", die „bestimmende Gewalt", die „nötigende Gewalt" und zuletzt die „schädigende Gewalt".
Die „bewegende Gewalt" kann auch als „Gewalt als Kraft" bezeichnet werden. Hiermit sind „Naturgewalten", die „Gewalt der Leidenschaften" und „höhere Gewalt" gemeint. Bei der bestimmenden Gewalt handelt es „sich um den Begriff der Macht" (Papenkort, 2009: S.18): „Wenn jemand Kraft und Stärke zugeschrieben wird, über die er tatsächlich verfügen kann, aber nicht muss, verwandelt sich Kraft über eine physische Macht hinaus oder unabhängig von ihr in soziale Macht: bestimmende Gewalt." (ebd.) Mit dem Gewaltbegriff nötigende Gewalt „ist die Nötigung bzw. der Zwang" gemeint (Papenkort, 2009: S.20). „Allgemein liegt Nötigung bzw. Zwang vor, wenn ein Individuum die Handlungsumstände eines anderen Individuums so manipuliert, dass dieses gegen seinen Willen dem Willen des Zwingenden nach handelt." (vgl. Batthyani 2007, S.199, zitiert nach ebd.) Zuletzt gibt es noch den Begriff der nötigenden Gewalt. Dieser ist nach der Nötigung der zweite Aktionsbegriff der Gewalt. „Schädigende Gewalt geht nur noch von Menschen aus und ist >Gewalttätigkeit< (vgl. Papenkort, 2009: S. 21)."

### 2.2 Häusliche Gewalt

Maria Schäfer-Hohmann schreibt in dem Buch „Gewalt - eine interdisziplinäre Betrachtung", dass Schwander (2003) häusliche Gewalt dann als gegeben sehe, wenn physische, psychische oder sexuelle Gewalt von Personen innerhalb einer bestehenden oder aufgelösten familiären, ehelichen oder eheähnlichen Beziehung ausgeübt wird. (vgl. Schwander, 2003, zitiert nach Schäfer-Hohmann, 2009: S.76)

Ebenso bezieht Sie sich auf die Definition der Berliner Initiative gegen Gewalt gegen Frauen (BIG e.V. 1999), die häusliche Gewalt als solche definiert: „Häusliche Gewalt kann als Missbrauch von Macht und Ausübung von Herrschaft von einer Person über eine andere im Kontext einer engen Beziehung definiert werden." (vgl. BIG e.V. 1999, zitiert nach Schäfer-Hohmann, 2009: S. 77) Häusliche Gewalt sei ein Begriff, der gleichbedeutend mit familiärer bzw. familialer Gewalt oder auch Gewalt in der Familie benutzt wurde. Häusliche Gewalt meine jede Gewalt, die innerhalb von familiären oder verwandtschaftlichen Beziehungen stattfindet. Die Besonderheit häuslicher Gewalt sei die Tatsache, dass Familie im eigentlichen gesellschaftlichen Verständnis ein Ort von Sicherheit Unterstützung darstelle. Gewalt laufe dieser Aufgabe von Familie zuwider. Der Begriff häusliche Gewalt beschreibe den Ort und die Privatheit der Gewalt sehr treffend. „Häusliche Gewalt findet im Umfeld des eigenen Zuhauses statt." (Dlugosch, 2010: S. 23 f.)

## 2.3  Aggression

Aggression wird im Fachlexikon „als absichtliches Handeln definiert, dass auf die Schädigung eines anderen gerichtet ist" (Bierhoff, 2017: S. 7). Es werden zwei Formen von Aggressionen unterschieden. Zunächst die impulsive Aggression, „die geringe Planung aufweist und auf der emotionalen Grundlage von Ärger, Wut oder Empörung spontan stattfindet" (Bierhoff, 2017: S. 7). Und die zweite Form ist die instrumentelle Aggression, bei welcher „Gewalt überlegt und berechnend eingesetzt wird, um ein erstrebenswertes Ziel zu erreichen" (Bierhoff, 2017: S. 7).

Anja Steingen beschreibt in ihrem Buch „Häusliche Gewalt - Handbuch der Täterarbeit", dass in der Arbeit mit häuslichen Gewalttätern vor allem eine biologische Betrachtungsweise sinnvoll sei. Aggression beschreibe demnach die positive Durchsetzungsfähigkeit von Tieren und Menschen und sei lebensnotwendig, um Ziele zu erreichen, sich zu behaupten, sich abgrenzen und schützen zu können. Aggression sei deshalb ein wichtiger Aspekt der Lebenskraft und der psychischen Gesundheit. Zwischen dieser gesunden Aggression und dem Gewaltverhalten bestehe ein wesentlicher Unterschied. So sei bei gewalttätigen Menschen gesunde Aggression oft gehemmt und ihr Gewaltverhalten sei ungeeignet, um sich sinnvoll abzugrenzen oder zu behaupten. „Es richtet sich häufig nicht gegen die tatsächlichen

Aggressionsauslöser und realen Bedrohungen, sondern meistens gegen andere Personen." (Steingen, 2020: S.17 f.)

## 3. Entwicklungsverlauf von Gewalt

Papenkort schreibt in seinem Artikel „Unterscheidungen der Gewalt" in dem Buch „Gewalt - eine interdisziplinäre Betrachtung", dass die erste Unterscheidung zwischen Wirkung und Zweck sei. Gewalt kann nach Papenkort zum einen „als reaktive Wirkung auf eine Ursache, d.h. auf ein auslösendes Ereignis erfolgen" (Papenkort, 2009: S.26). Das Ergebnis würde dabei negativ bewertet werden und diese Bewertung zur psychischen Ursache der gewalttätigen Reaktion. Es lasse sich auch von affektiver Gewalt sprechen, da die negative Bewertung fast immer, mit Wut oder Ärger verbunden sei. „Zweitens kann Gewalt proaktiv als Mittel zum Zweck eingesetzt werden. Wenn die Wirksamkeit des Mittels im Vordergrund steht, handelt es sich, mit den Worten Max Webers, um >zweckrationale< Gewalt" (ebd.). Liege der Akzent jedoch auf der Bedeutung des Zwecks, sei die Gewalt „wertrational" (ebd.). Zusammenfassend ist „die Gewalt psychisch motiviert und erfolgt, juristisch gesprochen, mit Vorsatz" (ebd.: S.27).

Der Gewaltkreislauf ist ein immer wieder überarbeitetes und verändertes Modell. Die erste Version wurde 1988 entwickelt. Der Begriff des Kreises sei konfrontativer, denn er drücke aus, dass der Mann sich im Kreis drehe, keinen Schritt vorwärts komme und weiter drehen würde, sofern er nicht wirklich etwas verändere. „Der Gewaltkreislauf wird in zehn Phasen durchlaufen." (Lempert, 2009: S. 145 ff.) Im Buch wird beschrieben, dass es zehn Phasen sind. Jedoch sind es elf Phasen, die er hier ausführt. Die Intensität der Gewalt steige im Laufe der Zeit und die Abstände zwischen den Taten würden immer kürzer werden.

Die erste Phase ist die Gewalttat. Der Täter spüre Erleichterung und Befreiung und sei aktiv. „Die drohende Ohnmacht, das Erleben von Klein-Sein hat er durch die Gewalttat abwehren können." (ebd.: S.146) Die Gewalt habe funktioniert, da er sich in einer für ihn sonst beängstigenden Situation stabilisiert habe. In der zweiten Phase wird er sich seiner Tat bewusst. Dem Täter wird klar, was er gemacht hat und nun nimmt er auch die daraus folgende Situation wahr. In Phase drei setzen Reue und Scham beim Täter ein, wenn er erkennt, was er getan hat. Er fühle sich schuldig und wünsche sich nichts sehnlicher, als das Geschehene ungeschehen zu machen.

Der Wechsel zwischen Gewalt und der eher netten, zuvorkommenden und liebevollen Art des Mannes sei für die Frau verwirrend. Sie habe Angst, dass die Situation jeden Augenblick wieder kippen könne. Durch diesen ständigen Wechsel wird die Frau jegliche freundliche Geste abwehren und versuchen Abstand zu halten. In der vierten Phase befindet er sich in dem Stadium, in dem er nicht mehr versteht, wieso er gerade eine Person, die ihm am nächsten steht misshandelt. Er entschuldigt sich immer wieder in der Hoffnung sein Gewissen so bereinigen zu können.

Die fünfte Phase ist die Schuldabgabe, in welche der Täter sich der Schuld zu entledigen versucht. Zuerst sucht der Täter die Schuld bei sich, beginnt jedoch dann, die Schuld immer mehr dem Opfer zuzuschreiben. Damit versuche er seine Schuldgefühle abzuwehren, betreibe Schuldabwehr.

Nach der vorangegangenen Schuldabgabe kommt es nun zur Verantwortungsabgabe in Phase sechs. Lempert geht hier auf den Unterschied zwischen Verantwortung und Schuld ein, „um die Möglichkeit der Veränderung deutlich zu machen" (ebd.: S.148). Spreche man von Schuld, gäbe es nur richtig und falsch. „Gerade die Vermischung von Schuld und Verantwortung führt über die Schuldzuweisung dazu, dass die Verantwortung für das eigene Handeln abgegeben wird." (ebd.) Habe der Täter die Phase der Verantwortungsabgabe erreicht, werde er mit Sicherheit wieder gewalttätig. Die nächste Gewalttat sei nur noch eine Frage der Zeit. Die Partnerin oder das Opfer sei nun oft bereit, „auf die Verantwortungsabwehr des Mannes positiv zu reagieren und die Verantwortung auf sich zu nehmen" (ebd.: S.149). Das Opfer habe nun die Hoffnung, die Gewaltausbrüche ihres Partners in Zukunft, durch ein verändertes Verhalten, verhindern zu können. Daraus entstehen jedoch folgende Konsequenzen. Der Täter fühle sich nicht länger verantwortlich für seine Tat und das Opfer sei nun an den Täter gebunden. Es könne sich nicht von ihm trennen, da es die „eigentliche Ursache der Gewalt ist" (ebd.). Letztlich sei der Mann der Ausführende und die Partnerin die eigentliche Gewalttäterin. Deshalb würden Opfer immer wieder zu ihren Partnern zurückkehren. Um einem neuen Streit und weiterer Gewalt aus dem Weg zu gehen, wird über die vergangenen Taten geschwiegen und somit werden die Auseinandersetzungen nie vollständig geklärt. Das Opfer spricht keine Gewalt betreffenden Themen mehr an, um den Täter nicht zu provozieren, da für ihn das Ganze sowieso schon abgeschlossen sei.

Die Verantwortungsabgabe des Täters an das Opfer bringt den Täter in Phase sieben dazu, „das Bewusstsein von jeglichem Einfluss auf die Situation" (ebd.: S.150) aufzugeben. Der Täter sei nun der Situation ausgeliefert, da er kein Mit-Gestalter des Geschehens sei. Sieht sich jedoch der Täter als Mit-Gestalter, bilde er wieder Schuldgefühle. Hierdurch erzeugt der Täter die Gefühlssituation, die er die ganze Zeit vermeiden wollte.

In der achten Phase befindet sich der Täter in der Ohnmachtsabwehr, die er versucht von sich abzuwehren. Lempert spricht davon, dass der Täter so damit beschäftigt sei, Größe zu produzieren, dass er mit seiner Umwelt immer weniger in Kontakt trete. Die Phase neun wird als Phase des Kontaktabbruchs bezeichnet. Der Täter trenne nun das Verhältnis zu seinem Opfer und sei für dieses nun auch nicht mehr erreichbar. Spätestens jetzt befinde sich das Opfer in großer Gefahr.

Die zehnte Phase wird als Depersonalisierung bezeichnet und beschreibt die Vergegenständlichung des Opfers durch den Täter. Das Opfer werde nicht mehr als Mensch wahrgenommen. Sobald der Täter sein Opfer nicht mehr als Menschen ansehe und ihm keine Wünsche und Gefühle mehr zuschreibe, könne er dem Opfer Gewalt antun. Die elfte und letzte Phase ist als Folge der Depersonalisierung die erneute Gewalttat. Die Frau habe auf den beschriebenen Kreislauf keinerlei Einfluss, da selbst ein verändertes Verhalten den Täter nicht von seinen Gewalttaten abhalten würde.

Lempert sieht Opferarbeit dennoch als sinnvoll und notwendig an, da ein Opfer von lang andauernder Gewalt, Unterstützung benötige, um selbst nicht mehr länger die Verantwortung für das Handeln des Partners, also des Täters zu übernehmen. Er ziehe eine getrennte Therapie für ein Paar in einer solchen Situation vor, da es zu stark miteinander verwoben sei. (vgl. Lempert, 2009: S. 145 ff.)


## 4. Formen von häuslicher Gewalt

Lamnek, Luedtke, Ottermann und Vogl, beziehen sich auf die Literatur von Kaselitz und Lercher, die drei Hauptformen von Gewalt nennen: die physische, psychische und sexuelle Gewalt. „Physische Gewalt ist im prototypischen Fall monologisch, d.h. sie kann >vom Täter allein vollzogen werden [...], während psychische Gewalt ein interaktives Geschehen ist, d.h., der Täter ist für den Erfolg auf die Mitwirkung des

Opfers angewiesen< " (Nunner-Winkler, 2004, zitiert nach Lamnek, Luedtke, Ottermann und Vogl, 2012: S.114).

Die vier Autoren führten eine Telefonbefragung durch, welche sich mit der „Partnergewalt und Eltern-Kind-Gewalt unter dem Aspekt der physischen Gewaltanwendung" auseinandersetzte. „Sowohl die Partnergewalt als auch die Eltern-Kind-Gewalt wurden mit Indikatoren zur leichten und schweren physischen Gewalt erfasst." (Lamnek, Luedtke, Ottermann und Vogl, 2012: S.114) Der „Schlag mit der flachen Hand bzw. mit der Faust, der Tritt sowie der Schlag mit einem Gegenstand" (ebd.) wurden als Indikatoren für die Partnergewalt eingesetzt.

Bei der körperlichen Gewalt gegenüber Kindern wurden Indikatoren wie „heftiges Wegschubsen des Kindes, Schlag mit der flachen Hand, Schlag mit der Faust und Schlag mit einem Gegenstand" (ebd.) benutzt.

Generell werde zwischen leichteren und schwereren Formen physischer Gewalt unterschieden. Es handele sich bei den leichteren Formen um Gewalthandlungen, die teilweise gesellschaftlich toleriert und als „normal" akzeptiert werden. Schwere Formen körperlicher Gewalt würden gesellschaftlich weit weniger toleriert werden.

Psychische Gewalt sei schwerer zu identifizieren als körperliche.

Die Wundmale, die psychische Gewaltanwendungen zurücklassen, sind im Vergleich zu denen von körperlichen Angriffen nicht zwingend harmloser und werden von Opfern sogar oft als folgenschwerer erfahren. (vgl. Lamnek, Luedtke, Ottermann, Vogl, 2012: S.115)

„Häusliche Gewalt lässt sich auf unterschiedliche Arten in ihre Formen unterteilen." (Dlugosch, 2010: S.29) Zum einen ließe sie sich in die verschiedenen Formen von Gewaltausübung aufgliedern, also „nach den eingesetzten Mitteln oder Tatbeständen" (ebd.).Auf der anderen Seite könne häusliche Gewalt auch in zwei Formen von gewalttätiger Beziehungsgestaltung unterteilt werden.

Dlugosch bezieht sich auf Gloor & Meier, die „gewalttätige Beziehungen in Gewalt ‚als systematisches Kontrollverhalten' sowie Gewalt ‚als spontanes Konfliktverhalten" (ebd.: S.30) einteilen. Die erste Form sei in ein Muster von Macht und Kontrolle eingebettet und mit frauenfeindlichen Handlungen verknüpft. Bei der zweiten Form hingegen handle es sich um Gewalthandlungen in einzelnen eskalierten Konfliktsituationen. (vgl. ebd.)

# 5. Auswirkungen auf die kindliche Entwicklung

Häusliche Gewalt gegen Frauen stelle eine Form psychischer Gewalt gegen Kinder dar, die erst langsam im Bewusstsein der Öffentlichkeit wahrgenommen werde, so beginnt Philomena Strasser ihren Artikel „>In meinem Bauch zitterte alles< Traumatisierung von Kindern durch Gewalt gegen die Mutter." Kinder misshandelter Frauen seien in den Institutionen unserer Gesellschaft lange Zeit die vernachlässigten und vergessenen Opfer häuslicher Gewalt gewesen.

„Doch Kinder werden nicht nur als Opfer vergessen - sie werden auch als Subjekte, als gleichwertige Persönlichkeiten mit eigenen Rechten, Bedürfnissen und Ansprüchen, einer eigenen Sprache und Ausdrucksfähigkeit, mit eigenen Gedanken und Perspektiven vergessen und unzureichend wahrgenommen." (Strasser, 2013: S.47) In dieser mangelnden Wahrnehmung und Wertschätzung von Kindern als Betroffene häuslicher Gewalt sei die Familie ein Spiegel der Gesellschaft.

Philomena Strasser hat Ende der 90er Jahre eine Studie durchgeführt, um es mit ihren Worten zu sagen, um „Kindern eine Sprache zu geben" (ebd.). Die Kinder, die sie befragte, berichteten ihr „Zustände intensiver Angst und Bedrohung" (ebd. S.48), die sie mehrere Jahre erleiden mussten. Ebenso gaben die Kinder an, miterlebt zu haben, wie „Väter ihre Mütter schlugen, traten, zur Wand warfen, würgten, mit Gegenständen angriffen, demütigten und mit dem umbringen bedrohten" (vgl. ebd.). Die Angst der Kinder hat sich in körperlichen Reaktionen wie „Zittern, Herzklopfen, Schwäche- und Lähmungsgefühlen, Krämpfen, Kribbeln und unangenehmen Gefühlen im Bauch" (ebd.) geäußert.

Eines der befragten Kinder war unter anderem die elfjährige Sabina. Sie schildert ihr „Gefühl überwältigender Hilflosigkeit" (ebd.) so: „Es hat mir auch wehgetan, wie er sie geschlagen hat, in meinem Bauch zitterte alles". (ebd.) Auch der zwölfjährigen Amela erging es ähnlich. Sie habe immer geweint, weil es ihr auch wehgetan habe, wenn ihr Vater ihre Mutter geschlagen hat. „Bitte lass´ meine Mama in Ruhe, bitte bitte!" (ebd.), flehe sie ihren Vater immer wieder an, wenn sie dabei zusehen muss, wie ihre Mutter misshandelt wird. Amela werde von Gefühlen der Angst und Hilflosigkeit überschwemmt, die sie körperlich als Lähmungszustand empfinde. Sie erleide dabei einen Ichverlust, der sich in einem Gefühl der Selbstentfremdung äußere. Sie empfinde die Erniedrigung ihrer Mutter ebenso verletzend wie die

Misshandlung. Amela spüre die Misshandlung der Mutter im eigenen Körper. Ihr Bauch habe Angst gehabt, manchmal um die Mutter, aber sie habe sogar manchmal Angst um den Vater gehabt, dass „er nicht weiß, was er tut" (ebd.: S.49). Trotz der familiären Situation sei die zwölfjährige Amela zwischen ihren Eltern hin- und hergerissen, denn sie habe ihren Vater auch gern gehabt. Strasser schreibt, dass etwa ein Drittel der interviewten Kinder sich an Misshandlungsszenen erinnerten, bei welchen sie sich zwischen die Eltern gestellt hatten. Sie hätten versucht, Hilfe zu organisieren, „riefen die Polizei oder leisteten Erste Hilfe" (ebd.: S.50). Viele Kinder seien vom Vater bedroht, manche selbst misshandelt worden, wenn sie ihrer Mutter hatten helfen wollen.

In vielen der Familien sind die Kinder dazu gezwungen, die Position der Eltern zu vertreten und deren Aufgaben zu erfüllen. Diese Situation führt dazu, dass die Eltern den kindlichen Bedürfnissen nicht gerecht werden, da die Kinder „erwachsene, schützende und sorgende Rollen einnehmen" (ebd.: S. 52) müssen. Vor allem die Mädchen haben sich dadurch aufgeopfert, indem sie den „Schutz und die Versorgung ihrer jüngeren Geschwister" (ebd.) übernahmen. Dieser Verlust der eigenen Kindheit sei als eine Form „seelischer Verwaisung" (ebd.) anzusehen, da er einem Verlust der guten Eltern gleichkommt. „Doch wenn sich Kinder noch so sehr für den Schutz der Mutter opfern, können sie nie genügen, da sie nicht über die Macht verfügen, die Gewalt des Vaters zu beenden." (ebd.) Nicht selten waren die Kinder „schweren Loyalitätskonflikten zwischen den Eltern" (ebd.) ausgeliefert. „Die gewalttätigen Väter suchten in ihren Kindern Verbündete gegen die Mutter und setzten sie psychisch unter Druck." (ebd.)

Sie manipulierten ihre Kinder, indem sie sich ihnen gegenüber als Opfer darstellten und durch das Vortäuschen von Traurigkeit die Gefühle der Kinder zu beeinflussen versuchten. Infolgedessen litten die Kinder an einem verstärkten Reuegefühl. Obwohl die Kinder ein Leben „zwischen Liebe und Hass" (ebd.) führen, ist es für einige Kinder meist unerträglich, dass sich die Eltern trennen und die Familie entzweit wird, obgleich sie ebenfalls vom Vater gepeinigt wurden.

So erging es auch dem elf Jahre alten Johann, der sich mit ganzer Vehemenz gegen die Abwendung seines Vaters wehrte, „obwohl er bereits als Kind von ihm schwer misshandelt wurde und ständig die Gewalt gegen die Mutter miterlebte" (ebd.).

Johann suche einen Vater, der ihm Schutz und Orientierung gebe, doch dieser Vater existiere in der Realität nicht. Der reale Vater sei fern und gewalttätig, Johann erreiche ihn nicht. Dadurch, dass der Vater seinen Sohn enttäuscht hat, bleibt eine Lücke in der „männlichen Identität" (ebd.: S.54) zurück, „die gefüllt wird mit Größen- und Allmachtsphantasien von Unverwundbarkeit" (ebd.: S.54). Die sexuelle Gewalt, die an der Mutter vor den Augen der Kinder verübt wurde, gibt den betroffenen Kindern, ein Gefühl der Macht- und Hilflosigkeit. „Manche Männer vergewaltigten die Frauen sogar in Gegenwart ihrer Kinder, andere Kinder hörten die Vergewaltigung aus einem anderen Zimmer mit." (ebd.) Die Väter bezogen ihre Kinder in die „sexualisierte Partnergewalt" (ebd.) mit ein und sorgten damit bei ihnen für „intensive Gefühle der Verwirrung" (ebd.).

Oft verschweigen die Mütter ihren Kindern gegenüber „die erlittene Gewalt" (ebd.: S.57). Dadurch werden die Kinder darin beeinträchtig, das Geschehene zu verarbeiten. „Die Folgen des Schweigens und Ausharrens in Gewaltbeziehungen sind schwerwiegend, die Kinder leiden unter Ängsten, Albträumen, Schlafstörungen, Einnässen, Einkoten, Sprach- und Lernschwierigkeiten, destruktivem und selbstständigem Verhalten, um nur einige Auswirkungen zu nennen." (ebd.) Langdauernde immer wiederkehrende Gewalt in der Familie hinterlasse tiefe Spuren in der seelischen Entwicklung der Kinder, die nicht einfach wiedergutzumachen sei.

Wenn die Kinder in ihrem privaten Lebensraum, der ihnen ein sicheres Umfeld bieten sollte, immer wieder Gewalt erfahren, „werden die Kinder in ihrem Vertrauen grundlegend erschüttert und in ihrer Entwicklung und Entfaltung massiv beeinträchtigt" (ebd.).

Die Kinder können erst neuen Menschen vertrauen und ihr Erlebtes verarbeiten, wenn sie der Gewalt den Rücken zugekehrt haben. Es sei zudem wichtig für die Kinder das Erlebte in Worte zu fassen und „ der Ohnmacht einen Namen zu geben" (ebd.), damit sie später von den Geschehnissen nicht überrollt werden.


## 6. Opfer und Täter


Opfer von Gewalt sind in den meisten Fällen Kinder und Frauen. Jede vierte Frau sei laut einer Studie aus dem Jahr 2004 von körperlicher oder auch sexueller Gewalt betroffen. (Schröttle & Müller, 2004 in Röck, 2020: S. 29) Häusliche Gewalt könne sich auf unterschiedliche Weise äußern und werde von den Betroffenen auch individuell wahrgenommen und erlebt. Die häusliche Gewalt verursache im Leben der Frauen, dass ihre Träume und Wünsche zerbrechen und sie von Schamgefühlen, Enttäuschung und Hilflosigkeit geplagt sind. (vgl. Röck, 2020: S. 29)

Die Gewalt gegen Frauen schädigt nicht nur sie selbst, sondern auch die Kinder. Dies würde oft vergessen werden. Kinder seien also die vernachlässigten und vergessenen Opfer häuslicher Gewalt. Sie seien jedoch gleichwertige Persönlichkeiten mit eigenen Rechten, Bedürfnissen und Ansprüchen. (vgl. Strasser, 2006 in Hafner, 2020: S. 35)

Je jünger Kinder seien, desto weniger stünden ihnen eigene Bewältigungsmöglichkeiten zur Verfügung, und desto gravierender und traumatisierender würden sich schädigende Entwicklungsbedingungen, wie häusliche Gewalt, auf sie auswirken. (vgl. Hafner, 2020: S. 35) Bei Kindern kann häusliche Gewalt in Form von Vernachlässigung in Erscheinung treten. Diese zählt zur physischen und auch psychischen Gewalt. Auch das Wahrnehmen jeglicher Form von Gewalt zwischen den Eltern, wird als psychische Gewalt gegen die Kinder gedeutet. Zahlreiche Studien würden belegen, dass viele Väter und Mütter, die ihre Kinder misshandeln, selbst als Kind misshandelt wurden. Somit wurden Opfer zum Täter.

Die Autoren gehen auf eine Studie von 1984 ein, in welcher über 4.000 Erwachsene untersucht wurden. Und dabei wurde festgestellt, dass das Miterleben elterlicher Gewalt als der Hauptrisikofaktor dafür angesehen werden könne, welche Mädchen selbst Opfer ehelicher Gewalt werden würden. Außerdem wurde festgestellt, dass Jungen, die elterliche Gewalt miterlebt hatten, ihrer Ehepartnerin gegenüber später auch gewalttätig wurden. (Vgl. Kolk und Streek- Fischer, 2002 in Lamnek, Ottermann, Luedtke und Vogl, 2012: S.133) Eine daraus resultierende Konsequenz sei, dass Kinder als Opfer oder Beobachter von Gewalthandlungen lernen, dass diese in bestimmten Situationen als Mittel eingesetzt werden können, um sich gegenüber anderen erfolgreich durchzusetzen. Es wird ihnen also ungewollt vermittelt, dass man durch Gewaltanwendung eine gewisse Machtposition erlangen und diese, wenn es notwendig sein sollte, ausnutzen kann. (vgl. Lamnek, Ottermann, Luedtke und Vogl, 2012: S.133)

Um näher auf die männlichen Täter, oder auch Verursacher häuslicher Gewalt einzugehen, werden nun verschiedene „Tätertypen" aufgeführt. Der erste Typ ist der

„Family Only Typ" (Steingen, 2020: S.48). Hierbei handle es sich um Männer, die ihre Gewalthandlungen ausschließlich auf die Familie ausüben. Jedoch ist die häusliche Gewalt der einzige Punkt, in dem sie sich von anderen nicht gewalttätigen Männern unterscheiden. Diese Männer seien in ihrem sozialen Umfeld meist „überangepasst", sodass es allen eher schwerfällt, zu glauben, dass sie zu häuslicher Gewalt im Stande sind. Partnerinnen dieser Täter hätten oft Schwierigkeiten damit, dass ihnen geglaubt wird, wenn sie von ihren Gewalterlebnissen berichten. Dadurch würden diese Frauen in die Lage geraten, dass die Verantwortung für das gewalttätige Verhalten ihrer Partner, ihnen zugeschrieben werde, da die Partner auf Außenstehende besonders umgänglich und anpassungsfähig wirken würden. Den hier beschriebenen Männern mangelt es jedoch meist an Fähigkeiten zur gewaltfreien Konfliktlösung und zur Verbalisierung der eigenen Gefühle. „Täter dieses Typus agieren überwiegend affektiv gewalttätig in Situationen, die sie als emotional ausweglos erleben, in denen sie aus subjektiver Sicht auf Belastungen und vermeintliche Provokationen reagieren und keine Handlungsalternativen sehen." (ebd.: S.49)

Der nächste Typ ist der „Borderline/ Dysphoric-Typ" (ebd.: S.52). Die Täter in diesem Typ weisen oft Depressionen und Persönlichkeitsstörungen auf. Es gebe vielfältige Auffälligkeiten im Charakter, wie beispielsweise „emotionale Instabilität, massive Eifersucht, Abhängigkeit, niedrige Fustrationstoleranz" (ebd.: S.52). Die Gewalthandlungen der Täter beschränken sich nicht nur auf die Familie. Es komme nicht selten als Folge dieser Auffälligkeiten zu sozialem Misserfolg, wie Arbeitslosigkeit, unterbrochene Schul- und Berufslaufbahnen, häufige Bezugspersonenwechsel und soziale Isolation. „Viele dieser Männer beschreiben sich selbst als chronisch und situationsunabhängig angespannt, verärgert und gestresst." (ebd.) Es würden oft unbedeutende Anlässe ausreichen, um heftige emotionale Reaktionen und Gewaltverhalten bei den Betroffenen auszulösen. Außerdem komme es nicht selten während der Taten zu erheblichen Einschränkungen der Wahrnehmungs- und Steuerungsfähigkeit. Ebenfalls häufig seien Sucht und Substanzmissbrauch in dieser Gruppe. Sie bräuchten diese Suchtmittel, nach eigenen Angaben, zur Entspannung und Beruhigung oder um schlafen zu können. Bei den meisten Männern mit „Charakterauffälligkeiten oder anderen psychischen Problemen" (ebd.: S. 52), seien vorhandene Persönlichkeitsstörungen unerkannt und unbehandelt.

Ein weiterer Tätertyp ist der „Generally Violent/ Antisocial-Typ" (ebd.: S.54). Es handle sich hierbei um Männer, die generell gewalttätig agieren und weitere antisoziale und kriminelle Verhaltensweisen zeigen würden. Der Beginn dieser Verhaltensauffälligkeiten liege dabei meist vor dem zehnten Lebensjahr. Im Vergleich zu den anderen Tätertypen begehe diese Tätergruppe die schwersten Gewalttaten und dies auch anhaltend über einen längeren Zeitraum. Die Männer dieser Gruppe würden meistens nicht aufgrund von Emotionen gewalttätig agieren, wie die Männer der beiden ersten Gruppen, sondern beinahe „ausschließlich aus dem Bedürfnis nach Macht und Kontrolle" (Gottman, Jacobsen, Rushe & Shortt, 1995 in Steingen, 2020: S. 54 f.). Die Gewalt würde überwiegend kontrolliert, geplant und instrumentalisiert eingesetzt, um Ziele zu erreichen. Ganz im Gegensatz zur vorangegangen Tätergruppe, ist bei diesem Typ die Wahrnehmung nicht eingeschränkt und die Folgen des Verhaltens, sind den Tätern im Voraus bewusst. Taten werden sowohl an diese erahnten Folgen angepasst, als auch vor- und nachbereitet.

Jedoch auch in dieser Tätergruppe komme es wie bei der zuvor beschriebenen zu Suchtverhalten und Substanzmissbrauche. Die Gründe für dieses Verhalten, seien jedoch die Suche nach einem Kick und Spaß.

Der letzte Typ ist der „Low Level Antisocial-Typ" (ebd.: S.57). Diese Täter fallen zwischen den „Family Only-Typ" und den „Generally Violent/ Antisocial-Typ", aufgrund ihrer antisozialen Einstellungen. Auch hier begehen die Täter ihre Taten geplant und kontrolliert, ohne Verlust der eigenen Wahrnehmung und Steuerungsfähigkeit. (vgl. Steingen, 2020: S. 57) Den Tätern häuslicher Gewalt gelinge es häufig erstaunlich gut, Angehörige des Interventionssystems zu manipulieren und sie gegen Gewaltopfer und für ihre eigenen Interessen zu instrumentalisieren. Bei Täterstrategien handle es sich um schädigende Verhaltensmuster, die es Tätern ermöglichen, ihre Gewalt- und Machtstrukturen den Opfern gegenüber aufrechtzuerhalten. Dies geschieht durch Manipulation und Täuschung des Opfers und auch des Umfeldes. Eine der Strategien sei beispielsweise ein sozial erwünschtes Verhalten an den Tag zu legen, um eine Einsicht der Taten vorzutäuschen. Außerdem kann auch die Suche nach Mitleid und

Verständnis eine Strategie sein, um das eigene Verhalten abzuwerten und mögliche Konsequenzen abzuhalten. (vgl. Steingen, 2020: S. 68 f.)

## 7. Herausforderung an die Soziale Arbeit - Prävention und Intervention

Nachdem nun ein Einblick in das Thema „Opfer und Täter" in Bezug auf häusliche Gewalt gegeben wurde, wird nun im weiteren Verlauf näher darauf eingegangen, welchen Aufgabenbereich die Soziale Arbeit hat und was die Soziale Arbeit für die Betroffenen tun kann. Heutzutage wird häufig entweder von der Sozialen Arbeit oder der Sozialpädagogik gesprochen. Eine Unterscheidung dieser Begriffe ist jedoch mittlerweile nicht mehr möglich und sinnreich. (vgl. Erler, 2010: S.14.)

Der Deutsche Berufsverband für Soziale Arbeit e.V. hat folgende Definition für Soziale Arbeit aufgestellt. „Soziale Arbeit fördert als praxisorientierte Profession und wissenschaftliche Disziplin gesellschaftliche Veränderungen, soziale Entwicklungen und den sozialen Zusammenhalt sowie die Stärkung der Autonomie und Selbstbestimmung von Menschen. Die Prinzipien sozialer Gerechtigkeit, die Menschenrechte, die gemeinsame Verantwortung und die Achtung der Vielfalt bilden die Grundlage der Sozialen Arbeit. Dabei stützt sie sich auf Theorien der Sozialen Arbeit, der Human- und Sozialwissenschaften und auf indigenes Wissen. Soziale Arbeit befähigt und ermutigt Menschen so, dass sie die Herausforderungen des Lebens bewältigen und das Wohlergehen verbessern, dabei bindet sie Strukturen ein. Diese Definition kann auf nationaler und/oder regionaler Ebene weiter ausgeführt werden." (DBSH - Deutscher Berufsverband für Soziale Arbeit e.V.) In dieser Definition werden die Aufgaben der Sozialen Arbeit nahegelegt. Die Soziale Arbeit ist dafür da, Menschen in misslichen Lebenssituationen zu unterstützen. Den Klient*innen soll durch das Aufzeigen von verschiedenen Lösungsstrategien „Hilfe zur Selbsthilfe" geboten werden. Die Aufgabe der Sozialen Arbeit ist es, dass die Menschen durch die Hilfe wieder dazu befähigt sind eigenständig ihr Leben zu bewältigen. Die Soziale Arbeit hat ein weitreichendes Berufsfeld, welches in verschiedene Themenbereiche gegliedert ist. Dazu gehören zum Beispiel die Altenarbeit/Altenhilfe, Kinder- und Jungendhilfe, Drogen- und Suchthilfe oder die Familienhilfe / Familienbildung. (vgl. Deutscher Bildungsserver)

Da es eine der Hauptaufgaben für die Soziale Arbeit ist, in misslichen Lebenssituationen unterstützend zur Seite zu stehen, bietet die Soziale Arbeit verschiedene Hilfsmöglichkeiten in Bezug auf häusliche Gewalt an. Hierzu gehören unter anderem Frauenhäuser, Interventionsstellen bei Gewalt in den Familien oder Kinderschutz-Zentren. (vgl. Österreichischer Berufsverband der Sozialen Arbeit) Wie eben erwähnt, würde eine Hilfsmöglichkeit im Zusammenhang mit häuslicher Gewalt das Frauenhaus darstellen. Um die Hilfe eines Frauenhauses in Anspruch zu nehmen, müssen die Frauen die Kraft besitzen, ihre gewalttätigen Männer zu verlassen, um gegebenenfalls ihre Kinder zu schützen. „Wer akut bedroht ist und schnell eine Unterkunft braucht, kann dort Tag und Nacht anrufen und sofort ein Zimmer bekommen." (Buskotte, 2007: S. 125)

Hier besteht für die Frauen die Chance, sich mit anderen Betroffenen auszutauschen, ihre Erfahrungen zu teilen und vielleicht auch Ratschläge von anderen anzunehmen. Die Frauen verlassen das Frauenhaus meistens erst, sobald die Situation mit ihrem Partner geklärt ist und man davon ausgehen kann, dass von Seiten des Partners keine Gefahr mehr droht. Im Frauenhaus selbst, werden die Frauen von ausgebildeten Sozialarbeitern betreut und unterstützt. Die Sozialarbeiter geben Hilfestellung, indem sie dem Leben der Frauen eine neue Struktur geben und ihnen bei rechtlichen und finanziellen Problemen beratend zur Seite stehen. Wenn die Frauen jedoch noch nicht den Mut haben, sich an ein Frauenhaus zu wenden, besteht auch die Möglichkeit, sich zuerst an eine Frauenberatungsstelle zu richten. „Frauenberatungsstellen und Frauennotrufe sind Anlauf- und Informationsstellen, die sich auf die Themen Gewalt gegen Frauen, sexueller Missbrauch und sexuelle Gewalt spezialisiert haben." (ebd.: S.126) Frauen können hier verschiedene Möglichkeiten erklärt bekommen, wie sie bei dem nächsten Gewaltausbruchs ihres Partners entgegentreten können. (vgl. ebd.: S.127) Frauenhäuser sowie Frauenberatungsstellen bieten jedoch nur Ratschläge an, die von den Frauen angenommen werden können. Den Klientinnen soll aufgezeigt werden, dass sie sich selber bewusst werden müssen, was für sie in Ordnung ist und was nicht. Die hilfesuchenden Frauen werden zu keiner Vorgehensweise gezwungen, es bleibt ihnen offen, ob sie die Ratschläge annehmen und umsetzen möchten. (vgl. ebd.: S.126)

„Die existierenden Projekte gegen häusliche Gewalt machen deutlich, dass der Fokus auf den Frauen als den primär Betroffenen liegt." (Rudolph, 2007: S.33) Es ist jedoch wichtig, dass von häuslicher Gewalt betroffene Kinder, nicht unberücksichtigt gelassen werden, da sie wie bereits erwähnt, stark unter häuslicher Gewalt leiden. Gerade die kleinen Kinder können sich oft gegen die Gewalt nicht wehren, weil sie meistens noch zu jung sind und nicht wissen, was sie dagegen unternehmen könnten. Aus diesem Grund, ist es auch so wichtig, dass gerade die Erzieher in den Kindergärten auf Anzeichen von häuslicher Gewalt achten. „Von ihrer Sensibilität und ihren Kompetenzen hängt es entscheidend ab, inwieweit Gewalt aufgedeckt werden kann und von Gewalt betroffene Frauen und insbesondere Kinder Schutz vor häuslicher Gewalt erhalten." (Krüsmann, 2010: S.37)

Es besteht jedoch ein großes Problem, welches die Erzieher*innen mit häuslicher Gewalt verbinden. Sie verspüren eine „Hilflosigkeit im Wahrnehmen und im Umgang mit vermuteter oder tatsächlicher Gewalt sowie in der Präventionsarbeit mit Kindern" (ebd.). Gerade in Kindergärten ist es wichtig, dass Erzieher*innen immer weitergebildet werden, sodass sie lernen, wie sie mit Anzeichen von häuslicher Gewalt umgehen können. Kinder benötigen „ein wachsames Umfeld, welches sich für das Wohl von Kindern stark macht, auf die Situation von Kindern aufmerksam macht und ihre Rechte einfordert" (ebd.). „Dazu müssen Fachkräfte in Kindertagesstätten über das erforderliche Wissen sowie die notwendige Handlungskompetenz verfügen, um Anzeichen von häuslicher Gewalt zu erkennen und das Thema gegenüber dem Kind und den Eltern anzusprechen sowie an entsprechende Hilfe- und Unterstützungsmöglichkeiten vermitteln zu können." (ebd.: S.38) Nicht nur Kindertagesstätten, sondern auch Schulen sind wichtige Institutionen, die Kinder unterstützend zur Seite stehen sollten, wenn es um häusliche Gewalt geht.

Die Schulen sollen den Kindern das Thema näher bringen und sie aufklären „denn dort werden soziale Fähigkeiten erlernt, aber auch Verhalten und Einstellungen beeinflusst, die zwischenmenschliche Gewalt unterstützen können" (Rudolph: S. 72). Wenn durch Kindergarten und Schule frühzeitig Präventionsmaßnahmen stattgefunden haben, kann dies zu positiven Verhaltensweisen der Kinder und Jugendlichen führen. In Schulen kann die Schulsozialarbeit für die Lehrkräfte eine große Hilfe sein, indem sie Aufklärungs- und Präventionsarbeit leisten. „Die sozialpädagogischen Fachkräfte gestalten ihre Angebote so - und wählen ihre Methoden und Handlungskonzepte entsprechend-, dass junge Menschen neben den geistigen, kulturellen und lebenspraktischen Fähigkeiten auch ihre personalen und sozialen Kompetenzen erweitern können." (Pötter, 2018: S.26) Den Kindern muss deutlich gemacht werden, dass es keine Schande ist, die Hilfe der Sozialarbeiter in Anspruch zu nehmen.

Abschließend ist zu sagen, dass es zu den Aufgaben der Sozialen Arbeit gehört, den von häuslicher Gewalt Betroffenen unterstützend zur Seite zu stehen. Durch die Hilfseinrichtungen,     versucht die Soziale Arbeit den Betroffenen eine Hilfe zur Selbsthilfe zu ermöglichen.

## 8. Fazit

Die vorliegende Hausarbeit hat sich mit der Fragestellung beschäftigt, wie sich häusliche Gewalt auf die Betroffenen auswirkt. Um die Frage der Hausarbeit beantworten zu können, wurde zum einen auf den Entwicklungsverlauf von Gewalt eingegangen, der in zehn beziehungsweise elf Phasen beschreibt, wie sich die Gewalt und die Denkweise des Täters entwickelt. Außerdem ist zu erkennen, dass sich das Verhalten des Opfers an das des Täters anpasst, indem es zunächst Abstand gewinnen will, um weiteren Gewalthandlungen entgegen wirken zu können. Im weiteren Verlauf nimmt es die Schuld des Täters immer mehr auf sich und bindet sich damit an ihn. Das Opfer hat weiterhin die Hoffnung durch verändertes Verhalten zukünftige Gewalttaten verhindern zu können.

Desweiteren wurde die Studie von Philomena Strasser hinzugezogen, für die sie verschiedene Kinder befragte, um die Auswirkungen häuslicher Gewalt auf die Kinder näher betrachten zu können. Den Interviews ist zu entnehmen, dass die meisten Kinder mit Angstzuständen und physischen Schmerzen reagierten. Sie fühlten sich hilflos und unterlegen, da sie keine Möglichkeit sahen, der Situation abzuhelfen. Trotz der Gewalttätigkeit des Vaters, ist es für viele Kinder unerträglich, dass sich ihre Eltern trennen und sie somit ein Elternteil verlieren. Eines der befragten Kinder wünschte sich den Schutz und die Orientierung vom Vater, der allerdings nicht in der Lage war ihm dies zu geben. Kindern, die Gewalt miterleben oder am eigenen Leib erfahren, fällt es schwer neues Vertrauen aufzubauen.

Außerdem werden diese Kinder oft selbst gewalttätig gegenüber ihren zukünftigen Partnern. Dies ist besonders bei Männern aufgefallen. Das Miterleben hat außerdem zur Folge, dass Kinder unbewusst lernen, dass Gewaltanwendung ihnen eine gewisse Macht verschaffen kann und sie diese ausnutzen können.

# Literaturverzeichnis

Bierhoff, Hans- Werner (2017), Aggression. In Deutscher Verein für öffentliche und private Fürsorge e.V. (Hrsg.) Fachlexikon der sozialen Arbeit. 8. Aktualisierte Auflage, Baden- Baden: Nomos Verlagsgesellschaft, S. 7

Dlugosch, Sandra (2010), Mittendrin oder nur dabei? – Miterleben häuslicher Gewalt in der Kindheit und seine Folgen für die Identitätsentwicklung, 1. Auflage, Wiesbaden: GWV Fachverlage GmbH

Erler, Michael (2010): Soziale Arbeit: Ein Lehr- und Arbeitsbuch zu Geschichte, Aufgabe und Theorie, 7. aktualisierte Auflage, Weinheim/München: Juventa Verlag

Hagemann (Hrsg.) (2009), Pädagogik/ Psychologie für die sozialpädagogische Erstausbildung. Troisdorf: Bildungsverlag EINS GmbH

Kavemann, Barbara und Kreyssig, Ulrike (Hrsg.) (2013), Handbuch Kinder und häusliche Gewalt, 3. Auflage, Wiesbaden: GWV Fachverlage GmbH

Lamnek, Siegfried und Ottermann, Ralf und Luedtke, Jens und Vogl, Susanne (2012), Tatort Familie – Häusliche Gewalt im gesellschaftlichen Kontext, 3. Überarbeitete Auflage, Wiesbaden: VS Verlag für Sozialwissenschaften/ Springer Fachmedien

Lempert, Joachim (2009), Die zehn Phasen des Gewaltkreislaufs. In Schuster, Eva Maria und Schäfer- Hohmann, Maria und Müller- Geib, Werner (Hrsg.) ( 2009), Gewalt – Eine interdisziplinäre Betrachtung, 1. Auflage, St. Ottilien: EOS Verlag

Papenkort, Ulrich (2009) Begriffe der Gewalt. In Schuster, Eva Maria und Schäfer-Hohmann, Maria und Müller- Geib, Werner (Hrsg.) ( 2009), Gewalt – Eine interdisziplinäre Betrachtung, 1. Auflage, St. Ottilien: EOS Verlag, S. 15- 37

Pötter, Nicole (2018): Schulsozialarbeit, 2. aktualisierte Auflage, Freiburg im Breisgau: Lambertus Verlag

Röck, Silvia (2020), Frauen als Opfer häuslicher Gewalt. In Steingen, Anja (2020), Häusliche Gewalt – Handbuch der Täterarbeit, Göttingen: Vandenhoeck & Ruprecht GmbH & Co. KG.

Rudolph, Sabrina (2007): Kinder stärken gegen häusliche Gewalt. Ansätze für Interventionen und Aufklärung in der Schule, Marburg: Tectum Verlag

Schäfer-Hohmann, Maria (2009), Häusliche Gewalt. In Schuster, Eva Maria und Schäfer- Hohmann, Maria und Müller- Geib, Werner (Hrsg.) ( 2009), Gewalt – Eine interdisziplinäre Betrachtung, 1. Auflage, St. Ottilien: EOS Verlag

Schuster, Eva Maria und Schäfer- Hohmann, Maria und Müller- Geib, Werner (Hrsg.) (2009), Gewalt – Eine interdisziplinäre Betrachtung, 1. Auflage, St. Ottilien: EOS Verlag

Steingen, Anja (2020), Häusliche Gewalt – Handbuch der Täterarbeit, Göttingen: Vandenhoeck & Ruprecht GmbH & Co. KG.

Strasser, Philomena, 2013, „In meinem Bauch zitterte alles." Traumatisierung von Kindern durch Gewalt gegen die Mutter. Kavemann, Barbara und Kreyssig, Ulrike (Hrsg.) (2013), Handbuch Kinder und häusliche Gewalt, 3. Auflage, Wiesbaden: GWV Fachverlage GmbH

Wahl, Klaus (2013), Aggression und Gewalt – Ein biologischer, psychologischer und sozialwissenschaftlicher Überblick. Heidelberg: Spektrum Akademischer Verlag

Internetquellen:

Bildungsserver, Internetquelle:
https://www.bildungsserver.de/Themenfelder-der-Sozialen-Arbeit-1597-de.html
Datum des Zugriffs: 10.05.2020

DBSH - Deutscher Berufsverband für Soziale Arbeit e.V., Internetquelle :
https://www.dbsh.de/fileadmin/redaktionell/bilder/Profession/20161114_Dt_Def_Sozi aler_Arbeit_FBTS_DBSH_01.pdf Datum des Zugriffs: 27.04.2020
Österreichischer Berufsverband diplomierter SozialarbeiterInnen, Internetquelle:
http://www.pantucek.com/seminare/200609polizei/handlungsfelder.pdf
Datum des Zugriffs 11.05. 2020

Krüsmann, Henrike (2010): Kindertagesstätten stärken in der Arbeit gegen häusliche Gewalt - Prävention von häuslicher Gewalt als Herausforderung an Erzieher und Erzieherinnen. Das Präventionsprojekt PiKiTa, Langerwisch. Internetquelle: http://opus4.kobv.de/opus4-fhpotsdam/files/180/krAsmann.pdf
Datum des Zugriffs: 16.05.2020